JN411337

가버나움

최영호 시집

오늘의문학사

머리글

무언가 내 것을 이 세상에 내놓는 일은 용기가 필요하다. 시집을 내놓는다는 일은 더욱 그런 것 같다. 왜냐하면 시는 자신이 삶이나 내면적 세계를 진솔하게 드러내 놓지 않고서는 쓸 수 없는 것이기 때문이다. 나는 이 시집에 대한 평론이 두려웠다. 왜냐하면 우선 평가 받을 만한 수준인가 의심스럽고 둘째로 이 시집은 다만 나의 지나온 생애를 한번 조용히 돌아보며 나를 반성하고, 고백하고, 기도하고, 용서를 구하고, 각오하며 새로운 삶을 지극히 감사하는 마음으로 창조주께 드리고자 하는 작은 헌물이기 때문이다.

지난 일 년 동안 아내의 격려와 성도들의 이해로 시를 쓰고 그림을 그렸다. 몰아서 작업을 하다보니까 혈압도 오르고 소홀한 부분도 많아 죄송하고 아쉬운 마음이 적지 않다. 사실 도중에 몇 번이나 그만 둘까 하는 마음도 있었지만 시편에 "시를 지어 여호와를 찬양하라"는 구절을 읽고, 또 시를 쓴다는 것은 이 세상 모든 사물에서 창조주를 만나는 일이라는 감격스러운 사실에 힘입어 썼다. 다소 부족한 점이 있어도 넓은 아량과 사랑으로 이해해 주시기를 바란다. 나를 이 맑고 호젓한 시(詩)의 오솔길로 인도해주신 조남익 선생님, 리헌석 선생님, 김영수 선생님, 시집을 잘 만들어 주신 이영옥 선생님께 감사드리고 싶다. 무엇보다도 내 존재와 삶의 근원이신 하나님께 감사드린다.

▶▶▶ 차례

고향생각

2부 바람 좀 재워 주세요

3부 시루봉 가는 길

4부 소쩍새도 함께 울어

1부

고향생각

길

보내신 곳이기에
머물고

주신 길이기에
걸어갑니다

거친 바람이 맵고
통째로 올려진 삶이
저리도록 힘겨워도

한번 얻은 생이기에
당신이 맡기신
일이기에

소중한 길
이끄시는 대로
기꺼이 달려갑니다.

고향생각

풀벌레 소리 같은 향취가
결 고운 설레임으로 가슴에 인다

두고 온 구명산의 메아리
귓가에 저릿하게 맴돌고

색동으로
젖어오는 그리움이
봇물처럼 불어나는데

일렁이다 스러지는
으슥한 회억의 강가에
성숙한 침묵이 울컥 한다

아직도 둥지 곁을 떠나지 못하고
고향집 뜨락에 서성이는 영혼

어머니 장독대 옆에서
석류알이 우루루 쏟아진다.

태고정* 올랐더니

— 수몰된 고향

윤사월 긴 바람이
퍼런 물에 송홧가루만 뿌리더라

한적골 호젓한 소쩍새 소리에
고향 잃은 용강산이 울먹이더라

진달래 꽃 터지도록 붉던 기슭엔
낯선 까마귀 한 마리 오락가락 서성이고
굽이 진 산허리엔
설움이 물안개로 피어 오르더라

범바위 잠긴 용담대교엔
못잊어 찾아 온 수몰민 하나가
서서 깡술을 마시고 있더라

망자들이 묻히던 사천마을엔
운장산 낙조가 슬프게 지고 있더라.

* 태고정 : 수몰전 전북 용담면 소재지에 있던 정자를 옮겨 놓은 곳으로 용담댐에서 전망 좋은 곳

가버나움

무너진 마을의 잔해들이 입을 열어
당시의 상황을 설명하고 있습니다.

사역의 중심지인 이곳에서
주님께 부름 받은 제자들은
넘실대는 갈릴리를 바라보며
비장한 각오로 사명을 다졌습니다.

열병을 치유 받은 여인의 집에는
아직도 삶의 온기가 서려 있고
다감한 방에는 병을 꾸짖는
주님의 음성이 남아 있습니다.

친히 가르치시던 회당에 들어서니
저항할 수 없는 감회가 밀려오고
이국에서 달려온 순례자들이
강론하시는 주님의 모습을 그리며
터럭만한 흔적 하나라도
찾아 담으려고 안간힘을 씁니다.

돌덩이 잔해들은 아직도 그 때를
추정하기에 충분하지만
목이 메이는 내 영혼의 언저리에
사랑은 잔영으로 떠 있습니다.

퍼 올릴 수 없는 세월을 넘어
무량한 그리움만 안고 돌아섭니다.

보릿고개

뒷산에 울던 뻐꾸기가
삼례장에 가시는
어머니를 따라가며 운다.

길섶에서 빈곤이 묻어온다.
종다리 높이 솟아 울어대는
허기진 가슴에 메아리도 없다.

무명 적삼에 어린동생을 업고
머리에 가난을 이고
흐느끼듯 가시는 어머니

주린 보릿고개 너머
선명한 기억의 능선을 따라
지금도 저만치 걸어가고 있다.

어머니의 편지

어머니의 편지는 짧아도 길다
한 자 한 자에, 천 마디 말이 있고
한 마디 한 마디에, 만 마디 말이 있다

어머니의 편지는 길어도 짧다
천 마디 말에도, 뜻은 하나
만 마디 말에도, 뜻은 하나이다

어머니의 편지는 길어도 짧아도
뜻은 하나 그것은 사랑이다.

청보리밭

바람으로 간 삶의 지층에
그리움이 노을처럼 배어 있다

돌담 허물어진 골목에 서서
하염없이 여치 소리 귀에 담던 아이

서러운 열무 밭에
홀로 두고 온 어머니처럼
잊혀지지 않더니

먼 발치
들꽃 사이에서 숨바꼭질하다가
물수렁 실잠자리로 떠 어린다

빨아 먹다 아우에게 넘겨준
알사탕같이 달콤하기도 하고

가난을 한 짐 지고 고향 떠나던
초동친구의 글썽한 눈망울처럼

아리기도 한 추적의 끈적임

새털구름으로 떠올라 미소 짓고
매운 눈물 섞어 목이 메이다가
쏜살같이 달아나더니

소나기 한 때 후리고 지나간 후
홀연히, 청보리밭 끝에 무지개로 걸린다.

《대전문학》(2011년 가을호)

기다림

재를 넘어 가던 초승달처럼
골고다를 넘어 가시던 당신을 생각합니다.
자지러지도록 아파 멍이 든 가슴은
지금도 여전합니다.

발등에 눈물 떨구며 떠난 이 길에
지금 개양귀비꽃 바람꽃이 피어
손을 흔들고 있습니다.

함께 걸어 행복했던 이 길에
여전히 제 홍에 겨운 산새가 노래하고
개울이 재잘대지만
내 마음은 애닯기만 합니다.

묵은 잎 바스락거리는 소리
나뭇가지 끝을 스쳐가는 바람소리에도
나는 놀라 고개를 돌립니다.

손톱에 스미는, 핏빛 봉숭아물을 보면서도

당신을 묵상합니다.

새벽닭 우는 소리에도
더욱 사랑하지 못했음을 자책하며
당신을 기다립니다.

수없이 꽃이 피고 져도, 꼭 오시리라 믿고
당신을 기다립니다.

고향집에 들러

문을 열고 들어서니
까맣던 기억들이 잠을 깹니다
다 꿈속의 일 같습니다

손때 묻은 농기구들 위로
구명산의 매운 바람이
고춧가루를 뿌려댑니다

노송의 허스키한 목메임이
토방에까지 날리는데
이제 듣는 이도 없습니다

한 솥밥을 먹고 자란 혈육들은
이산가족이 되어
본 지도 오래입니다

애잔함이 짜르르 흐르는
옹이진 가슴에 그리운 얼굴들이
하나 둘 떠오르는데

텅 빈 마당에
아버지의 기침 소리가 뜹니다.

《창조문학》 (2011년)

풀 한포기 속의 길

조그만 풀 한포기, 가만히 들여다보면
대경전으로 통하는 길이 있다

냉이 달래, 씀바귀 민들레 등
여린 것들이 언 땅에 질긴 뿌리를 내리고
시린 바람 속에 꽃을 피운 후
잉잉거리는 나나니벌을 불러들여 씨를 맺고,
버거운 뒷걸음질로 지나가는 쇠똥구리에게서
경단 한쪽을 얻어먹고 힘을 내어
의연히 거친 바람을 이겨내고
흔들림 없이 소박한 의지를 일궈간다

남의 허물, 내 허물 탓하지 않고
명암에도 명리에도 흔들리지 않으며
보이는 것을 얻으려고
눈 부릅뜨고 아등바등 하지도 않고
무거운 패배도, 힘겨운 후회도 없이
그저 헐거운 맘으로 뜻을 이루어
모자람도 남음도 없는 생을 이루고

평정한 삶에 도달하는 구도의 길이
조그만 풀 한포기 속에 있다.

《창조문학》 (2011년)

어머니의 기도

별빛을 모아 길을 밝히며
새벽을 열어 가신다.

기다린 듯 반겨주는 십자가
꽁꽁 언 손으로 조용히 문을 열고
교회당 안으로 들어서시는 어머니
이내 어깨를 들썩이며 흐느끼신다.

자식의 수만큼 길어지는 기도
등불은, 시간이 갈수록 흐릿해지고
어머니의 기도는,
시간이 갈수록 또렷해진다.

깊은 사랑의 샘에서 퍼 올려
하늘로 하늘로 올리시는
애절한 어머니의 기도

시린 바람은 창문을 때리고,
어머니의 기도는 내 마음을 두들긴다.

화목 난로는 꺼져 점점 식어 가는데
자꾸만 뜨거워지는 어머니의 기도
창밖에 싸락눈처럼 쌓여
오늘의 일곱 자식이 되었다.

은혜로운 아침

매사에 불평하며 사는 사람에겐
사는 것이 고단하고 무의미한 것이지만
삶을 깊이 관조하고 음미하는 사람에겐
생은 항상 새롭고 은혜로운 것이다.

까만 어둠 속에 길을 열어
이 힘든 세상을 밝히는 태양의 떠오름과
저 분광하는 무지개를 띄워 이루는
찬란한 빛의 향연이 숭엄하고

언 땅을 녹여 생명을 틔우고 꽃을 피워
열매 맺게 하시는 주님의 섭리하심과
눈을 뜨고 일어나면 힘차게 고동치는
심장의 박동소리와 호흡이 매일 은혜롭다.

창가에 따순 햇살 가득한 아침
이 경이로운 이치와 세계에 감격하며
오늘도, 보이는 모든 것에 감사한다.

잉태

밤은 새벽을 잉태하고 온다.
벅찬 오름길 끝에 가벼운 내리막길이 있고
힘겨운 출발에 희열의 종점이 있듯이
밤은 언제나 어둠 후의 광명을 잉태하고 온다.

고난은 축복을 잉태하고 온다.
초승달 후에 만삭의 보름달이 이뤄지고
산모의 진통 후에 생명의 탄생이 있듯이
고난은 언제나 고통 후의 축복을 잉태하고 온다.

절망은 희망을 잉태하고 온다.
노도 같은 태풍 후에 호수 같은 고요가 있고
어둠의 터널 끝에 찬란한 빛이 있듯이
절망도 언제나 고통 후에 희망을 잉태하고 온다.

실패는 성공을 잉태하고 온다.
만 번의 시행착오 끝에 성취가 있고
무수한 넘어짐 후에 아이의 보행이 있듯이
실패도 언제나 연단 후의 성공을 잉태하고 온다.

갈릴리의 아침

따사한 햇살이 창을 두드리는 아침
어둠을 뚫고 붉게 솟아오른 태양이
무너진 시몬의 가슴에 떠오른다.

아직도 또렷한 이성의 고뇌
지난밤의 참혹한 실족일랑 잊고
고동치는 호흡을 고르며
희망의 하루를 빌어보자.

오늘도 바람 찬 갈릴리로 나아가자.
반란처럼 밀려오는 물결에 맞서
베드로처럼 힘차게 그물을 던져보자.

팔을 걷어붙이고
배를 몰아 깊은 곳으로 나아가자.
용을 써 멀리 투망을 날려
사지에 빠진 자를 건져 내자.

아직도 저 거친 바다에는

침몰하며 허우적대는 영혼들이
애타게 구원자를 기다리고 있다.

겨울밤 이야기

북풍이 몰고 오는 겨울밤은
유난히도 춥고 무서웠다.

헐벗은 눈물을 안고
어둠을 베고 누우면
허접한 이불 밑에
온기와 함께 공허가 감돌았다.

꺼질 듯이 조는 등잔불 아래
가난을 깁던 어머니가 하품을 하면
대숲의 바람이
우르르 몰려와 졸음을 깨우고

잠들지 않는 어둠속에서
이불 하나로 겨울을 버티던 형제들은
시린 바람에 삭신이 오그라들었다.

동짓달 밤만큼 긴 한숨을 내쉬며
줄담배로 시름을 태우시던 아버지

구명산 부엉이 하염없이 울어 대고
문풍지도 함께 떨며 지새우던 겨울밤.

까마득한 세월 너머로 흘러간 그리움이
아픈 만큼 선명하게 눈물로 젖어온다.

강나루

어릴 때 놀던 숲에는
새로 난 푸른 솔이 키를 재고 있습니다.

은어 떼가 유영하던 강가에
사공은 간 데 없고
부러진 돛대에 삭아가는 배 한척만이
나루를 지키고 있습니다

늘 가난을 싣고
강을 건너던 사람들은
어디론가 떠나 한 사람도 보이지 않고

모래성을 쌓던 자리엔
무너진 흔적도 없이
허허한 환영만이
바람이 되어 스치고 지나갑니다.

사공의 넋이 되어 따라오는
저 물소리에 그리움이 피어나고

흔들리는 억새 사이로
가을이 서럽습니다.

꽃이 지는 날

꽃이 피는 날
나무는 그저
슬픔 없이
웃고만 있는 줄 알았다

꽃이 지는 날
나무는 단지
울고만 있는 것이 아니라
꽃잎 아래
열매를 키우고 있다는 걸 알았다.

꽃이 피는 날
꽃이 지는 날
나무는 웃어가며 울어가며
열매를 키워내고 있었다.

사월에

풋풋한 바람이 봄을 흔든다.
누렇게 뜬 대지가
지각의 눈을 뜬다.

굳은 삶의 껍질을 깨고
단단히 여민 옷깃을 풀어
지순한 꽃잎을 내보이며
봄이 신방에 수를 놓는다.

삶이 파랗게 번져간다.
어두운 기억을 깊숙이 묻고
삼동의 아픔을
훌훌 털어내며
봄이 힘차게 호흡을 한다.

한 움큼 소망을 대궁에 달고
내밀한 곳에서 솟아오르는
내 속에 봄의 개화를 느낀다.

빈집

부엉이 소리 고적한 밤
등이 걸린 모감주나무 사이로
초승달이 고향집을 내려다 본다

허물처럼 절구통 곁에 놓인
생전에 쓰시던 낡은 빗자루

아버지가 쓸던 마당을
찬바람이 대신 쓸고 있다

아무도 없는 집에
좋아하시던 월하감
노을처럼 익어가고

대숲이 마음을 아는 듯
붉은 설움을 쏟아내어
빈집을 채우고 있다.

2부

바람 좀 재워 주세요

방아실의 봄

세월이 숨어 사는 마을
따사로운 햇살이 남은 겨울을 녹이고
물까치 떼 지어 봄을 불러 댄다.

손가락 꼽아가며
농절을 가늠하는 노부
이랑진 얼굴에 희망이 가득하다.

냉골 부엌에서 딸그락거리는 아내
밥 짓는 소리 하냥 익숙하고
돌담 밑엔 벌써 싹이 고개를 내밀었다.

그렇게도 모질더니
겨울이 가기 싫은지 가지에서 잉잉거리고
봄이 훈풍을 타고
살랑 살랑 저만치 다가오고 있다.

대성골* 사람들

찔레꽃 하얀 미소에
수줍은 바람이 떨며 달려옵니다

은빛으로 찰랑이는 호수가 평화롭고
속삭이는 억새풀 소리가 정겹습니다

한낮 고라니 울안을 기웃거리고
애저녁 낮달이 마중을 나오며
밤이면 풀벌레 울음을 길어
달맞이꽃 지등을 켜는 산골에서

들꽃처럼 소박한 사람들이
보름달 같이 둥근 마음을 가지고
별빛 꿈을 가꾸며 곱게 살고 있습니다.

* 대성골 : 전북 진안군 용담댐 건설로 떠났던 수몰민들이 다시 돌아와 이룬 마을

들꽃

풀벌레 울음을 길어
바람 속에 피는 들꽃은
향기 은은합니다.

햇살 하나로도 족하여
올망졸망 핀 얼굴에
수줍은 미소가 떠 있습니다.

달 없는 밤 먹구름이
어둠을 쏟아 내릴 때도
하늘 우러러 피어 있습니다.

오직 하늘만 바라보며
비운 가슴으로 서 있습니다.

느티나무*

해묵은 장醬처럼 깊은 정을, 꾹꾹 눌러 담으며
울지도 못하고 고향을 떠나오던 날
너만이 늠름凜凜하게 우리를 배웅해 주었지.

봄이면, 아지랑이 알짱대는 모습을 보며
햇살을 모아 푸른 옷을 지어 입고

여름이면, 구멍난 가슴에 한 식솔을 키워
애틋한 낙하落下로 둥지를 떠나는
원앙이 새끼들의 첫 비행飛行을 보았지.

외로웠던 어느 가을날엔
나무 아래 기대 앉아 홀로 가슴앓이 하던
내 질긴 한숨소리를 듣고

무자년, 바람 시린 겨울, 섣달 스무 이렛날에는
꽃상여 타고 오시는
내 어머니의 귀환歸還을 반겨 주었지.

강가에 얼음이 꽝꽝 얼고
찬바람의 따귀가 매서워도
언제나 그 자리에 든든히 서서

빡빡한 삶에 지쳐 찾아갈 때마다
허물을 탓하지 않고 반겨주었지

* 장모님이 누우신 용담 외성골에 서 있는 느티나무

바람 좀 재워 주세요

어젯밤
강변의 갈대가
거센 바람에
산발을 하고 날뛰더니

오늘 아침
바람 자는 틈을 타
조용히
머리 빗질을 하고 있다.

저 연약한 갈대들
마음 편히 살도록
거친 갈대밭에
바람 좀 재워 주세요.

아버지시여!

흔적

제가 걷는 길에
당신의 발자국이 남게 하소서

제가 머무는 곳에
당신의 온기가 남게 하소서

제가 전하는 말에
당신의 위로가 있게 하소서.

제가 쓰는 시에
당신의 향기가 있게 하소서.

제 생애는 다만
당신의 흔적이고 싶습니다.

작달비*

빗발이 굵고 드센 날
삶의 잔상들이 칩처럼 끼워져
머릿속이 복잡할 때는
자리를 털고 나가
작달비를 맞으며 걷는다.

주머니에 고뇌 하나 집어넣고
빗방울을 온 몸으로 맞으며 걷는다.
그냥 지천에 몸을 투항하고
오감을 해방 시킨 후
뚝방에 나를 풀어 놓는다.
마음 가는 데까지 나를 보내고
돌아오고 싶을 때 돌아온다.

굴레에 얽매었던 사유가 탈속하고
얽힌 생각들이 지순하게 풀려난다.

탁해졌던 영혼이 헹궈지고
물빛처럼 청정하게 되어

저절로 마음이 평온해져 돌아온다.

* 작달비 : 굵고 거세게 오는 비

《창조문학》 (2011년)

바람의 벌판에서

가랑잎이 떨며 날아가는 바람의 벌판에
어둠의 저변으로 숨어든 고뇌가
잠자는 사유를 깨운다.

뽀얀 기억들을 일궈내는 서정의 공간
꽁꽁 얼어붙은 광야에 홀로 서면
경전 같은 어둠이 밀려온다.

기도하는 마음으로 우러러
별이 총총 박힌 하늘을 바라본다.

물 빛 투명한 머리 위로
보석 같은 시심들이 뚝 뚝 떨어져
명시를 출산하는 꿈을 꾼다.

영양가 있는 반찬

햇살이 창을 기웃거리는 하오
차려주는 밥상을 받아놓고 앉아
이것저것, 들었다 놓았다 께기작거린다.
빨래 널던 아내의 고등어조림* 같은 소리가 날아온다.
"뭐가 부족해요. 다른 반찬 해드릴까요?"
여일한 내 답신이 빨래줄을 타고 베란다로 건너간다.
"아냐. 그건 아니고, 이리 와 잠깐만 앉아있어 봐요."
아내가 앞에 앉아 있으니 비로소 입맛이 나 밥을 먹는다.
밥상머리 앞에 앉아있는 맞바래기 아내
내게 가장 영양가 있는 반찬이다.

나이가 들어가면서 자꾸
귀에서 아담의 갈비뼈 찬가가 들린다.

* 젊어서 고등어 조림을 좋아함

아내의 초상

굴곡의 삶에 풋풋한 가슴 얼어
낭랑한 목소리 잦아들고
가시 돋친 세월에 씻기어
거친 숨결 애달프다

들꽃 한 송이에도 가슴 떨고
풀벌레 소리에 물씬 젖던
열아홉의 지순했던 낭만
그 초상을 돌려주고 싶다.

곱게 배어든 풍란의 미소
풍상에도 지켜온 청정한 향이
무정란 같은 달로 솟아
혼탁한 내 밤을 지키고 있다.

새벽기도

살 시린 새벽길을 간다
드센 눈발이 뺨을 친다

어릴 적 어머니와 함께 가던 길
가다가 눈밭에 무릎을 꿇는다

"어둔 마음, 거친 허물…
성이 풀릴 때까지 때리시고
하얗게 덮어 주소서."
독대한 호렙산이 차겁다

어둠이 밀려가며
점점 뜨거워지는 가슴
아린 기도에 떨기나무가 녹는다

함박눈 쏟아 부어
하— 얗게 덮어 주신다.

다시 그 사랑을 위하여

죽기까지 따르며 사랑하겠다는
감람산의 맹세만은 진실이었습니다.
살다보니 처음 사랑이 식었습니다.
꿈이 꿈으로 자꾸 멀어지고
그림자처럼 따라 붙는 어둠 때문에
초심을 지키기 어려웠습니다.

내 사랑도 처음에는 뜨거웠습니다.
밤 낮, 물불을 가리지 않고
부르짖고 매달리던 날이 있었고
아예 밤을 꼴딱 새워 가며
은혜를 사모하던 때도 있었습니다.

모진 세파에 시달리다 보니
사랑이 겨자씨 만하게 작아져
이제는 찾아도 잘 보이지 않고
마른 가슴에서 연기만 폴폴 납니다.
누가 보지 않아도, 아무 말 안 해도
스스로 깨닫는 부끄러움입니다.

지난번 갈릴리에 갔더니 주님이
“나를 사랑하느냐”고 물었습니다.
당황한 나는 고개도 들지 못한 채
호수에 눈물만 잔뜩 뿌리고 왔습니다.
돌아 온 날 밤 한숨도 자지 못하고
불 꺼진 가슴을 안고 울었습니다.

다시 그 사랑의 회복을 위하여
홀로 몸부림치고 있습니다.

아버지의 기침소리

소년 시절, 허약하신 아버지는
저녁 숟갈만 놓으시면 이내 주무시고
새벽 세시만 되면 정확하게 일어나셨다.

어머니가 깨실까 조심스럽게
부엌으로 나가신 아버지는
장작불을 지펴 가마솥 하나 가득
뜨건 물을 준비해 놓으시고
어머니를 깨우셨다.

그 뜨건 물로 새벽밥을 지으신 어머니는
나를 깨워 먹으라고 권하셨으나
힘든 새벽 기상에 나는 몇 숟갈 뜨고
그만 숟가락을 내려 놓았다.

살 시린 날, 눈 내리는 새벽
싸락눈 밟으며 떠나는 통학 길에
어머니는 내가 안쓰러워
문 밖까지 따라 나오시고

말 없으신 아버지도 토방에 서서
등 뒤에다 대고 연신 헛기침을 하시며
고단한 내 등교를 응원해 주셨다.

돌이켜 보면 지늘켜 지는 시절
약골에 감기를 달고 살던 나는
시오리 통학길이 너무 힘들어
학업을 포기하고 싶었지만
자꾸만 내 등 뒤에 따라오는
아버지의 헛기침 소리가 귀에 박혀
차마 그만 두지 못하고
학업을 마칠 수가 있었다.

다시 별을 보며

내가 바라보던 하늘을
내 아이들이 보며 별을 세고 있습니다.

비켜설 수 없는
모진 삶의 굴레에
식은 땀 흘려가며 사느라
미처 바라보지 못한 하늘입니다.

여전히 꿈이 반짝이는 하늘을 보며
바뀐 것은 세상이 아니라
나라는 것을 깨닫습니다.

허욕을 품고
열망에 떠밀려온 세월
떨리는 손으로 하늘에 던져본 투망엔
별은 잡히지 않고
희망의 실루엣만이 남아
내 삶의 건더기처럼 보입니다.

내가 미처 보지 못하는 동안
모든 별은 쏟아져 내렸고
다시 바라보는 순간
별도 다시 하늘에 총총 박혀 있습니다.

소름 돋는 깨우침으로
하늘을 바라보며
다시 별을 가슴에 담습니다.

새 아침에

칠흑 같은 어둠이 개이며
붉은 태양이 떠오르나니
너 상처받은 영혼아
가슴에 새 소망을 품으라.

우리네 설움에 함구한 채
홀로 가는 저 몰인정한 세월을
탓한들 뭣하랴
그게 삶의 여정인 것을

시련도 결국 주의 뜻 가운데서
지나가는 바람이려니
그 앞에 무릎을 꿇지 말라
한 목숨 소중한 그대여

오늘도 달려야 될
저 거칠고 험한 세상을 보며
다시, 희망을 불끈 쥐어라
고귀한 너 주님의 자녀여.

섬바위*

진홍빛 열망을
청정한 바람으로 삭이며
소쩍새 울음으로 서있다.

천년을 접어도
재울 수 없는
연연한 소망을 품고

신열이 범람하는 강에
불면의 섬으로 뜬 영혼

푸른솔 머리 위로
애잔한 그리움이
별빛으로 쏟아진다.

* 섬바위 : 전북 진안군 용담댐 아래에 있는 바위로 된 섬

농부

첫 닭이 울고, 어둠이 밀려가는 새벽
농부의 발끝에 밤의 눈물이 떨어진다

쟁기 밑에서 힘든 노동이 덜그럭거리고
눈에 소박한 의지가 번쩍인다

수없이 뽑히고 또 뽑혀도
거듭 일어나는 끈질긴 저항의 뿌리
거칠고 투박한 손길에 스러진다

농부의 부지런을 먹고
고단한 땀방울로 영글며
청옥 같은 맘으로 익어가는 열매

누렇게 목이 팬 벌판에
낟알이 조석으로 쌓여간다
양식이 농부의 손에서 난다.

갈대밭

강변에 지천으로 뿌리를 내리고
시린 가슴 부벼 내는 팽배한 소요.
이 거대한 갈 숲의 함성은
내밀한 소망의 뜨거운 외침이다.

거센 바람에 쓸려 넘어져도
일제히 어깨동무로 일어서는 갈대
이 장엄한 초록의 물결은
고난을 딛고 일어서는 의지의 깃발이다.

삶의 뿌리 항간에 끌어안고
늪에서 일어나는 실존의 기상
밤마다 천지의 어둠을 삼키며
불굴의 생명으로 꿋꿋하게 일어선다.

신년의 아침

2011년 새해 아침
금빛 새벽을 열고 떠오르는 태양
맑게 빚은 소망 하나 띄워
시린 가슴에도 붉게 떠오르라.

한 세월을 기억 속에 묻고
다시 밝아 오는 새날
고단했던 삶의 잔상일랑
훌훌 털어버리고
뜨건 가슴으로 맞이하라.

비정한 실존의 전장에서
투쟁하며 마음 졸이던 기억의 꼬리
절망감도 자존감도 다 잘라 버리고
이제 신시의 아침을 여는 태양
그 희망의 창가에 우뚝 서라.

삶의 영광은 하늘에 두라.
부질없는 허욕은 다 허공에 버려라.

그리고 그 비운 마음에
거룩한 바람을 장전하고
우러러 주님만을 바라보며 살라.

〈2011년 대전노회 신년 감사예배〉

소나무

가지는 꺾여도 절개는 살아있고
세월에 등이 굽어
멀리선 원만해 보이나
가까이선 범할 수 없는
날 선 예지가 있다

외로워도 고고한 자태를 잃지 않으며
순백의 벗에게 둥지를 내어준다

하늘을 쪼갤 것 같은 천둥소리와
앙칼진 번개 속에서도
굽힘 없는 위용과 기개로
우람한 팔을 벌려 넓은 벌을 다스리고
맑고 오묘한 향기로 산하를 잠재운다

산방의 벗

산방이 고적할 때면
동문 밖 하늘로 보름달이 떠오른다.
그녀는 계곡 사이에
멋진 수묵화 한 폭을 그려 놓고
손에 홀처럼 별 몇 개를 달고 나와
산방의 고적을 일거에 쓸어 낸다.

뜨락 오동나무 가지에
부엉이 한 마리를 불러 앉혀
느리고 중후한 노래를 달빛에 띄워
정적에 침몰하는 밤을 구원하고
오감의 굴레에서 소요하는
내 영혼의 외로움을 걷어 낸다.

바다의 용량

지루한 장마에
몸을 불린 강물이
붉은 혀를 날름거리며
바다로 흘러간다

질펀한 세상
비정한 세월을 돌아
온갖 삶이 묻은 부유물을 쓸어안고
황토 빛 울음을 삼키며
바다로 흘러든다

허락도 없이 몰려오는
저 무모하고 거친 욕망을
끝없이 받아주는 바다

무량한 바다의 용량이
그 엄숙한 침묵이
굳은 지각을 깨며
내 안의 빗장을 뜯어낸다.

낙화암

적상자락 펄럭이며
천길 나락으로 몸을 던진
삼천의 애절한 정절이
강물 위에 떠 어린다.

왕조의 함성이 스러지고
끝내 벼랑 끝에 몰린 목숨
비장한 정절의 사수에
단심 정녕 서러웠으리.

거덜난 역사는 단절되어
역사의 땅에 파묻히고
피 배인 백제의 얼은
강에 떨어져 수장 되었다.

귀촉도 슬피 울어
꽃이 지는 긴긴 봄 날
고절들이 낙화암에 숨어 운다.

용담댐에서

물 퍼런 호수 길
길인지 산인지 모를
미로를 간다.

살던 집은
물에 잠겨 전설이 되고
떠난 사람은
그 회억으로 귀소한다

빈 껍데기에
목숨 몇 방울 담고
흔적도 없는 곳에 와
자취도 없는 이를 찾는다.

돌이킬 수 없는 세월에
뻥 뚫린 가슴으로
바람이 칼끝을 물고
파고든다.

물인지 고향인지
아득한 소쩍새 소리만
호수 위를 스친다.

《문학사랑》 (2010년)

도솔산 부엉이

푸른 골짜기를 스쳐가는 바람결에
청정한 향기 토해내는 노송의 숲에서
허기진 숨결로 우는 부엉이 소리에
가슴이 사래를 치며 울컥한다.

피죽의 고통에도 함구한 채
목젖이 아프도록 슬픔 눌러가며
모진 가난과 싸우시던 어머니를
더듬어 찾아가는 도솔산의 부엉이는 슬프다.

울어라 네 피울음 막을 자 누구랴
차가운 둥지에서 굶주린 어린새끼들이
추워 떨고 배고파 울 때, 무너져 내린 가슴
모진 겨울밤도 따라 울었다.

아득한 세월로 따라가는 기억의 회로에
곡진 잔상을 씻어줄 노래는 없는가
기름틀처럼 짓누르는 가슴팍의 옹이에서
끈적끈적한 아픔이 혈액처럼 흐른다.

* 도솔산 아래 가난한 사람들이 어렵게 살고 있었다.

이름 모를 꽃

장령산 잿마을에는
봄이 고요하게 핀다.
이름 모를 꽃들로 봄이 가득하다.

보는 이도 없는 곳에서
꽃들이 저마다 고운 자태와
아름다운 색깔로 평화롭게 피어 있다.

바람으로 가는 사람들은
잊혀질 이름을 남기려고 야단인데
탈속한 꽃들은
경이로운 미모를 자랑하지 않고
편안한 자리에 조용히 피어 있다.

명성을 탐내지 않는 꽃들 속에서
이름 모를 꽃이기를
가만히 빌어 본다.

3부

시루봉 가는 길

조롱박

땡볕에 몸을 불린 후
토담에 늘어져 누운 가을
조롱박 속에서 염원을 이루고 있다

쪽빛 하늘 풀어 마시며
시린 밤에 오시시 떨기도 하고
궂은 바람에 풍경風磬처럼 흔들리기도 하더니

찌르르 찌르르 쏟아지는
곡진 여치 소리 등에 업고
희고 둥근 마음
안으로, 안으로 채워 온 열정

달빛 한 줌조차 털어내며
홀연히, 자아를 완성하고 있다.

굴참나무 이야기

마을 어귀에 서 있는 굴참나무
옹이 속을 드나드는 눈빛이 뜨겁다
멀리서도 눈에 띌까 졸이더니
어느 새 새끼 소리 즐겁다

날이 밝기가 무섭게 일어나
해 질 때까지 분주한 딱따구리
부리가 다 닳도록 애를 쓰더니
다 자란 새끼들 모두 날려 보낸 후
어미새도 미련 없이
오십년 정든 집을 떠났다

솔재 넘어
아주 머언 곳으로 떠난 나의 어미새

옥계폭포*

이끼 푸른 계곡을 따라
숲길을 간다
갑자기 우레 소리가 들린다

숲 사이로
위용을 드러내는 폭포
성난 듯 갈기를 휘날린다

쉼 없이 토해내는
통한의 속 내
가슴을 풀어헤친 채
쏟아내는 저 울분

폭포 앞에 선다
탄성이 절로 나온다
낮달도 벼랑 끝가지에 앉아
넋을 잃고 바라본다

발이 떨어지지 않는다.

* 옥계폭포 : 충청북도 영동에 있는 폭포로 난계 박연이 즐겨 찾던 곳

시루봉 가는 길

솔향기를 따라 가는 산행 길에
가랑잎을 물고 달아나는
가을의 뒷모습이 분주하다.

멀리 첩첩이 보이는 산은 시리고
능선을 따라 시루봉 가는 길은
산막의 홀애비보다 더 외롭다.

그 길 끝자락에 고적한 무덤 하나
자석磁石처럼 발목을 붙잡는데
어느새 따라 붙은 빈사瀕死의 허무
휑— 한 눈으로 속을 들여다 본다.

옹달샘

초승달이 숨어 잠기는
숲속의 옹달샘
새벽부터 찾는 발걸음이 분주하다

투명한 수면 위로
산벚나무 부신 꽃물결
현호색 호젓히 꽃 지는
계절의 그림자 번갈아 지나가고

오목눈이 지빠귀, 산까치 붉은동박새…
부지런히 드나들며 단 물 마시더니

모진 날들이 지나며
해가 다르게 물이 줄고
점점 찾는 발길도 끊겨

이제 금붕어 두 마리만이 남아
고적한 옹달샘을 지키고 있다.

홍시

솜털처럼 가벼운 여름이 가고
울음 섞인 칼칼한 바람이
낙엽을 몰고 떠났을 때
그리움처럼 가지에 걸린
달 같은 홍시를 보면
전류처럼 머릿속에 잔상이 흐른다.

긴 장대를 들고
몇 알 안 되는 홍시를 탐낼 때마다
안된다고 말리시던 아버지는
늘 해소기침으로 콜록대면서도
까치밥은 지성으로 챙기셨다.

동지섣달 긴 긴 밤
할머니 옛날얘기조차 시들해지면
아버지는 핼쑥한 얼굴로 나가
항아리에서 언 감을 내어다가
찬 물에 녹여 주셨다.

한 이불에 발을 묻고 둘러앉아
달게 먹는 자식들의 모습을 보며
흐뭇해하시던 아버지의 얼굴이
겨울밤이면 노을 빛 홍시처럼
감나무 가지에 걸려 떠오른다.

봉숭아

잎새에 얼굴을 묻고
차마 말 못하는
한여름 땡볕의 가슴앓이

빨갛게 마음 탈 때까지
참고 기다리다
가슴으로 터지고
핏빛으로 짓이겨져
손끝에 물들어가 이루는
애절한 사랑.

연어의 귀향

원류를 찾아가는 회로에
거센 소용돌이와 혼미한 수포가 있다

각인된 선로를 따라가는 길에
목숨을 노리는 함정과 모략이 있지만
용맹한 의지와 힘찬 도약으로
험로를 차고 올라간다

끊임없이 일어나는 내면의 파고와
숱한 유혹의 인식을 비우고
먼 길을 돌아 도달하는 귀향이다

모두 도달하는 생의 끝에서
마지막 생명의 씨앗을 뿌리고
영면으로 눕는 숭엄한 안식

가슴 속에 알 같은 소망을 품고
노을 빛 생을 조용히 하늘로 올린다.

* 사랑하는 고 도분단 권사님의 장례식에 다녀와서

이순

단숨에 육십 년을 차고 와
벗어 놓은 허물을 본다.

들볶아대던 운명의 도랑을 따라
세상 한복판을 돌고 돌아
숨 고르며 흘러온 길

억새풀 같이 흔들려도 꺾이지 않았고
솔개처럼 추락해도
사슴처럼 일어나 달려 왔다.

골 패인 이마와 너덜한 자국
이룬 소망도, 접힌 꿈도, 얻은 상처도
모두가 소중한 흔적들

손 내밀면 잡힐 것 같고
돌아서면 오늘처럼 보일 것 같다.

땅에서 태어나 하늘로 가는 여행

어찌 고난이 없으랴
턱 밑으로 울컥
산다는 것이 귀한 은혜지

한 세월을 돌아 다시 가는 인생
새처럼 가볍고
바람처럼 자유롭기를.

불꽃

소리 없이 타오르는 불꽃이다.

적도赤道보다 더 뜨겁게 타오르다
시베리아처럼 식어 버리는 심연深淵에
헐떡이는 새 한 마리

환희歡喜의 파고波高와
쓰디 쓴 고뇌苦惱의 주파周波가
쉬지 않고 순환하는
쳇바퀴에 달려 있다.

바닥까지 검게 말라붙는 가슴

사유思惟의 독방에 똬리를 틀고 앉아
무너지는 아성我城을 바라본다.

이지理智와 우매愚昧의 경계가 무너졌다.

《창조문학》(2011년)

보문산

시린 골짜기마다
뒤틀린 생명의 뿌리를 내리고
가시 돋친 세월 속에
움 솟는 희망으로 서있다.

삶의 행간에 덫을 모르고
번쩍이는 도시의 불빛은
광녀의 산발한 머리처럼
팔방으로 교차하며 흔들리지만

이 눈부신 아침의
따사로운 햇살 가득 품고
한밭벌의 언 가슴 녹이며
늠연히 지켜보고 있다.

꽃상여

사립문 밖 오동나무 아래로
꽃상여 행렬이 지나간다.
슬픔이 바삭바삭 밟힌다.

엄마의 죽음이 무엇인지 모르는 아이
입에 감또개를 물고
요령잡이 소리 매김에 맞춰
손 흔들며 따라간다.

이제 혼자 남은 아이
죽어 떠나는 사람보다
혼자 남은 아이가 더 슬퍼 보인다.

앞서 간 아비는 저승에서 울고
어미는 상여 속에 누워서 울고
사람들은 뒤 따라가는
아이를 보고 운다.

"이제— 가면— 언제— 오나"

"어허— 어이— 어허— 어이"

소쩍새 울던 솔재 너머로
슬픔을 실은 행렬이
꿈인 듯 점점 멀어져 간다

성묘

— 아버지

천지에 둘도 없는
내 살과 생명인 것을 생전에는 몰랐었다.

어쩌다 뵙고 돌아설 때
섭섭한 마음 얼굴에 역력
임종의 순간에도 나를 위해 기도하셨다.

몇 방울 남은 목숨
팔십 구년 벼랑 끝에서
힘없이… 말없이…
점점 꺼져가시던 눈망울
가슴이 저려 온다.

시공은 침묵 속으로 영원히 가고
혼은 하늘로 떠 바람으로 가시고
육신은 흙에 누워 내 발길을 붙잡으신다.

다시 한 번 뵐 수 있다면

평생에 못해 본 말
“아버지 사랑합니다.”
꼭 한번 해보고 싶다.

바람의 회초리

— 장모님 산소에서

매서운 겨울밤
애절한 울음이 허공에 떠간다.
어머님 무덤 앞에만 오면
가누지 못하는 아내의 슬픈 얼굴에
쏟아지는 달빛이 서럽다.

"일년만 더 사셨더라면…"
조금만 더 잘해 드릴 걸…
엄마! 정말 미안해"
가슴 저리는 눈물의 독백
겨울 산도 따라 운다.

후회해도 돌이킬 수 없는 이별을 했을 땐
슬퍼해도 다시 볼 수 없는 그리움이 되었을 땐
메이도록 불러도 대답 없는 사랑이 되었을 땐
곁에서 함께 울어 줘도 위로가 되지 않나 보다

넘을 수 없는 시공의 경계에서

울어도 소용없는 참회를 한다.
주체할 수 없는 자책에
앞에 서있는 것조차 죄송스럽다.

울어도 용서 못 할 죄인이라고
칼바람이 회초리를 들고 와
나와 아내의 따귀를 때린다.
두 볼이 얼얼할 때까지 맞는다.

수박서리

어린 시절의 수박은 최고의 간식이었다. 그 시절 어느 여름 날, 늦은 오후 형하고 수박서리를 갔다.

산기슭에 앉아 내려다보이는 넓은 밭을 보니 주렁주렁 열린 머리통만한 수박들이 먹음직스럽게 보여 갈증을 더욱 부추겼다, 원두막을 살펴보니 안경을 쓴 할아버지가 누워 긴 담뱃대를 물고 연신 빠끔거리더니 얼마가 지난 후 잠이 든 듯했다. 그러나 벌건 대낮이라 보는 눈이 두려워 어찌하지 못하고 군침을 삼키며 어두워지기를 기다렸다.

시간이 흘러 드디어 으스름한 저녁이 되었다. 형과 나는 서로 눈을 맞추며 절호의 기회를 노렸다. 마침내 행동개시의 시간이 되었다.

그런데 그 때 머리 위로 초저녁 별들이 하나, 둘 나타나더니 눈부신 얼굴로 반짝이며 어둠속에 있는 우리 형제를 보고 밝게 웃어주었다. 그러자 내 마음이 금세 밝아져 "다 틀렸다. 교회 다니는 사람이 이러면 안 되지!"하는 생각이 들었다. 곁에서 말없이 하늘을 올려다보던 형도 내 마음과 똑 같은지 "야! 안 되겠다.그냥 가자."하며 벌떡 일어났다. 나도 잘 됐다 싶어 얼른 따라 일어났다

절도는 미수에 그치고 수박서리는 수포로 돌아갔다. 우리 형제는 어둠 속에서 나와 찬란한 별빛을 받으며 집을 향해 발걸음을 옮겼다. 뜻을 이루지 못했지만 뜻을 이루지 못했기 때문에 더욱 아름다운 추억이 되었다. 지금 다 늙어서도 형님을 만날 때 가끔 그 얘기를 하며 행복하게 웃는다.

적상산

잎을 떨군 나목들을
머리칼처럼 꽂고
단단한 속살 아래
노을 같이 고운 치마를 입었다.

늦가을 시린 바람에
능선을 따라
붉은 물결이 출렁이면
화사한 산골 처녀가
잠에서 깨어난다.

돌아가는 모롱이마다
불로 타오르는 나뭇잎들이
걸음을 붙잡는다

첩첩한 산봉우리들이
숨박꼭질로 들락거린다.

국화

결 고운
햇살만 먹고
청량한
바람을 마시며
노오란
그리움을 안고 산다

가을볕에
둘러앉아
뽐어대는
서릿 빛 향기
상서로운
눈빛이 뜨겁다.

블랙홀

살 냄새 물씬 풍기며
맛있게 젖을 먹고 나더니
편안한 얼굴로
초롱초롱한 눈망울을 요리조리 굴린다.

지순한 두 개의 호수
어쩌다, 눈맞춤이 이뤄지면
그 조그만 호수가
저항할 틈도 주지 않고 내 마음을 끌어간다.

태어난 지 얼마나 되었다고
어느 사이에 정이 들었다고
그 조그만 호수로 자꾸만 빨려 들어가는 나

눈에 넣어도 안 아플
내 손주는 우주이고 그 까만 눈은 블랙홀이다.

그 조그만 블랙홀로
내가 빨려 들어가고

모든 시름이 빨려 들어가고

방안엔, 오로지 행복만 남는다.

석류

물 오른 가슴에
연정을 품고
한껏 볼을 붉히더니
땡볕에 익은 열정
햇살로 불러 만삭이다

간밤 무서리에
포만의 가슴 활짝 열어
알알이 쏟아내는 보석에
단심이 서려 있다.

난蘭

유벽한 곳에
세월을 묻고
초월을 먹고 사는 가인
그윽한 시선이 유연하다

빛 한 줌
이슬 한 방울도
가려서 취하는
투명한 영혼

가녀린 대궁에 달려
떨리는
침묵으로 피어 있다.

낙엽

모진 인연을 훌훌 털고
시린 바람을 타고 떠납니다

깃털보다 가벼운 생을
망각의 늪에 묻고
투명한 하늘빛에
흐린 혼을 헹구며
새 하늘로 떠납니다.

골 깊은 한숨
침몰하는 호흡을
댓돌 위에 내려놓고
귀촉도 울던 길로
꿈인 듯 떠납니다.

하롱베이

늙은 어부의 오수처럼
무풍의 고요한 바다에
절묘한 섬들이 꿈을 꾼다.

열기를 내던지며 떠나는 배들
모두가 폭염을 잊은 채
선상에서 감탄을 연발한다.

섬 사이를 돌 때마다
올망졸망한 봉우리들이
전설처럼 나타나고
사람들은 추억을 담아가며
꿈인 듯 실려 간다.

막힐 듯 뚫려가는 미로의 항해
마음이 괴로운 사람도 슬픈 사람도
모두가 아픈 속사연을 잊은 채
화폭 안으로 점점 빨려 들어간다.

반딧불

호박꽃 피어 무르익은 여름
빛이 방황하는 어둠 속에서

길을 찾고 있다
길을 내고 있다
무수한 길이 교차하고 있다

반짝이는 꿈을 좇던 유년의
개똥벌레가 그리운 오늘 밤

4부

소쩍새도 함께 울어

노모

끼니 걸러 고픈 배를 맹물로 채우시고
외진 곳 다랑이 밭 혼자서 일구시다
초승달 이고 오실 때 소쩍새도 함께 울어

어려서 품을 떠난 애닯은 자식 생각
서러운 어미 마음 겹겹이 멍이 들고
편지를 받을 때마다 졸인 가슴 숯 덩어리

저는 다리로 산마루 올라 굽은 길 내려다보며
행여나 자식 올까 목을 빼고 기다리다
휜 허리 지팡이 짚고 돌아서는 슬픈 백발

《문학사랑》 (2010년)

통영의 아침

그린 듯 고운 남해 모여든 작은 섬들
겹겹이 둘러 앉아 오순도순 밤을 새우고
쪽빛 물로 세수를 하고 새아침을 맞이한다

꿈을 안고 떠나는 배 희망 싣고 돌아오는 배
정겨운 뱃고동에 남망산이 잠을 깨고
좌판대 벌인 노상에 인파가 술렁인다

갯 내음 물씬 나는 부둣가 어판장에
뜻 모를 수신호에 어부들의 바쁜 손길
해풍에 살이 시려도 태양은 떠오른다

은파 유원지*

소슬한 바람 일어 은빛 물결 찰랑이고
짝을 이뤄 밀려가는 사랑다리 인파 속에
떠밀려 지나온 세월이 네온으로 깜박인다

순박한 호반을 따라 하현달 뒤를 밟고
물 오른 나무 가지 새 움을 돋아내니
불현듯 잠깨어 오는 달빛 속의 물망초

흩어진 기억을 모아 웃음 한 촉 틔워내고
유순히 곰삭은 날 살며시 열어보니
철없어 토라진 사랑 은파로 달려온다

* 은파유원지 : 군산시 미룡동에 있는 넓은 호수공원. 호수를 가로지르는 사랑의 다리가 있다.

감자밭에서

익모초 쓴 물 내어 입맛 돋워 먹이시고
양은솥에 찐 감자로 어린 배를 채워주시던
어머니 그리운 손맛을 텃밭에서 찾는다

탯줄로 연이어져 줄줄이 딸린 생명
진액을 짜 먹이신 작은 가슴 거친 몸매
감아도 눈에 밟히는 감자 꽃 같은 미소

목 메인 검은 속을 호미 들고 헤쳐 본다
씨감자 된 그 사랑을 어디에서 찾으랴.
아버지 회초리 보다 더 아리고 쓴 회한이여

* 대성골에서 감자를 캐며

저녁해

솔향기 물씬 나는 구명산* 고개 너머
샛거리 다랑이 밭 훨훨 날아 다니시더니
풍상에 마른 풀처럼 허리 접힌 어머니

한 바탕 몰아치던 간밤의 폭풍우에
둘러앉은 자손들이 놀란 가슴 쓸어내려
거친 숨 들이 내쉬며 둘러보는 눈망울

굳은 손에 자녀들 하나하나 잡아 본 후
걱정 말라 따듯한 맘 눈빛으로 건네시며
꿈인 듯 서산에 걸려 기울어가는 저녁 해

* 구명산(鳩鳴山) : 전북 익산에 있는 산으로 비둘기가 많은 산이다.

용수목

용수목 고갯길을 넘어오는 향수 한 줌
결 고은 바람결에 푸른 꿈을 띄웠었지
언제나 가슴 설레며 뛰어넘던 고향 길

갈잎이 빚은 노래 강을 건너 달려오고
가슴 속에 묻은 사랑 풀머리로 일어서면
보듬어 되새겨지는 기억 속의 비망록

한 걸음 올라서면 어젠 듯 다가서고
한 걸음 물러서면 꿈인 듯 멀어지는
뚝방길 아지랑이 속 가물대는 그리움

능소화

한 생애 품은 정을
울 밖에 걸어 놓고
노을로 출렁이는
그리움 달래다가
안으로 엉긴 멍울을
비창으로 삭이는가.

세월에 묻힌 정이
회안悔顔에 다시 살아
이어진 가지마다
순애純愛로 다시 걸려
연정이 깊어질수록
기다림은 애절하다.

숨어서 뛰는 가슴
댓돌로 짓눌러도
만 갈래 얽힌 단심
핏물로 더욱 번져
두견새 혼을 쪼개며
동문 밖을 떠돈다.

소쩍새

어머니 넘으시던 성당리 고갯마루
한 조각구름이 와 둘이서 넘자하네
외동딸 시집 보낼 때 하늘도 울었었지

산막의 단칸방에 살 비비며 살아 갈 때
쑥 범벅 나물밥도 행복한 식사였네
남겨 둔 보리쌀 한 말 딸자식의 사랑이었지

온종일 밭을 메고 달을 보며 오는 길에
고단한 마음보다 그리운 맘 뿐이네
시집 간 딸을 그리는 소쩍새 울음소리

* 성당리에 노모를 모시고 살던 처녀가 시집갈 때 보리쌀 한 말을 사 놓고 간 후 노모는 얼마 후 딸을 그리워하다 죽었다고 한다.

옛사랑

찔레꽃 서럽게 핀
호젓한 산기슭에
그리움 묻어오는 뻐꾸기 울음소리
한 방울 이슬로 맺힌 눈물 같은 옛 사랑

잘려진 산모롱이
감고 도는 물안개
애를 써 그려봐도 아련한 그대 얼굴
세월이 물어가 버린 바람 같은 옛 사랑

수줍어 말 못하고
띄워 보던 나뭇잎 배
천리 밖 바다로 간 다시 못 올 그 추억
꿈같이 흘러가버린 강물 같은 옛 사랑

동백꽃

속 깊이
쌓인 정을 삼동에 끌어안고
녹아든 앙가슴에 서러움 달래다가
오늘도 갯가에 서서
향기 짙은 그대여

애절한
그리움이 불면에 떠돌다가
오실 님 기다리며 활활 타는 그 눈빛
이른 봄 고운 빛 일궈
오열하는 그대여

한 생이
다가도록 정갈한 자리에서
해조음 아리아로 연정을 삭이다가
열망이 붉게 타올라
터져버린 그대여

남간정사

— 송시열 선생 생가에서

해가 걸린 가지 사이
집을 짓고 사는 까치
바람 속에 아슬함이
가신 임의 생과 같네
아직도 살아 숨쉬는
옹이 속에 초발심

시절 따라 가는 길을
단호히 거부하고
뜻 세워 간 곧은 생애
우러를 대쪽일세
정화수 소망을 품고
되새겨 보는 충절의 꿈

■해설

시집(詩集) 〈가버나움〉의 시(詩) 세계

손 기 영

(서울대학교, 충남대학교 인문대학장, 독문학 박사)

시집 〈가버나움〉의 시편(詩篇)들은 화해의 서정을 본질적 구심점으로 쓰여졌다.

이 땅의 삶을 고난 중에도 긍정적으로 보는 시각에서, 모든 것과 창조주에게 감사하는 마음으로 쓰여졌다. 특이할 만한 사항은 시편들이 삶과 종교를 별개의 차원에서 본 것이 아니라 시(詩)와 생활(生活) 신앙(信仰)이 자연스럽게 하나로 녹아져 작품들이 완성되었다는 것이다.

사실 이 많은 작품들이 단기간 내에 쓰여졌다는 사실이 믿어지지 않는다. 시적 언어와 독자의 감흥을 끌어내는 숙련된 단어의 구사력이 범상치 않음을 독자들도 금방 눈치 챌 것이다. 특히 〈불꽃〉 같은 작품을 보면 그의 내공을 높이 평가하지 않을 수 없는 미래의 가능성의 예견을 짐작하게 한다.

근래에 일반적인 시류(詩流)를 보면 많은 작품들이 전통적(傳

通的)인 관습(慣習的)에 얽매어 있음을 발견할 수 있다. 그러나 관습적인 문학에만 젖어서는 한 치의 발전도 대중적(大衆) 인식의 변화도 기대할 수 없다. 이 시대는 관습적 형태로 획일화 되고, 낡고 퇴형적(退形的)인 형태를 용서하지 않는다. 왜냐하면 시인은 먼저 자신에 대한 자각이 있어야 할 뿐만 아니라 더 나아가서 시대를 깨우는 지성인으로서의 시대적인 책무가 있기 때문이다. 시(詩)는 단순히 시인들만의 전유물이 되어서는 안 된다. 시는 사람들의 가슴으로 가기 때문에 그 영향력에 대한 책임을 시인이 마땅히 짊어져야 한다. 그래서 시인은 그 시대에 대한 정확한 인식과 고등하고 해박(該博)한 지식과 품격(品格) 있는 시어(詩語)들을 가지고 시의 세계로 그리고 독자들 속으로 들어가야 되는 것이다. 거기에는 시인의 부단한 노력과 수련이 필요하다. 그리고 무엇보다도 순수한 내면과 진실한 삶의 자세가 필요하다. 시편들을 볼 때 최영호 시인은 이미 그러한 지적 수준과 자질이 있음을 찾아볼 수 있다.

곁에서 볼 때 목회자의 삶은 시간에 쫓기고 변화무쌍하며 비판적인 시선이 집중되어 있는 중압적인 삶이다. 그래서 순수한 마음으로 뛰어 들었다가 오히려 가지고 있던 순수마저 잃고 포기하는 사람이 많다. 그러나 최영호 시인은 그런 삶 속에서도 본연의 심성을 잃지 않고 시를 썼다. 그래서 그의 전편의 시에서 서정의 순수성을 찾아볼 수 있다.

그의 시는 결코 관습적이거나 퇴형적인 것이 아니며 획일화 된 것이 아닌 자신만의 특이한 형태를 구사하는 재능과 품격을 가지고 있다.

1. 화해의 서정

〈가버나움〉의 시편들은 부조리한 세상에 화해의 서정으로 다가가는 건강한 의식과 신앙의 세계를 보여준다. 현실 부재의 시(詩)란 있을 수 없다. 시는 긍정적이든 모순이든 부조리든 그가 살았던 삶과 내면의 세계에서 울어 나오는 것이다. 인간의 내면은 둘로 양분할 수 있다. 하나는 적대적인 것이고 또 하나는 화해적인 자세다. 그런데 사회를 끌어가고 발전시켜 나아가는 것은 화해적인 자세이다. 역사를 세우고 이끌어간 사람들은 모두가 화해적인 자세를 가진 사람들이었다. 최영호 시인의 시를 보면 이런 화해의 서정이 짙게 깔려 있다. 모순과 부조리한 것들에 무조건 대치하거나 적대하는 자세가 아니라 세계를 긍정적인 눈으로 보고 그 속에서도 감사하며 친화(親和)적이고 화해적인 자세로 적응하고 끌어안고 개선하고 발전시켜 나아가는 것이다.

까만 어둠 속에 길을 열어
이 힘든 세상을 밝히는 태양의 떠오름과
저 분광하는 무지개를 띄워 이루는
찬란한 빛의 향연이 숭엄하고

언 땅을 녹여 생명을 틔우고 꽃을 피워
열매 맺게 하시는 주님의 섭리하심과
눈을 뜨고 일어나면 힘차게 고동치는
심장의 박동소리와 호흡이 매일 은혜롭다.

— 「은혜로운 아침」 일부

위에서 보여주듯이 긍정적인 사색과 서정적 신앙이 일치되어 있다. 삶에 대한 친화적 접근과 화해(和解)의 서정이 자연스럽게 그의 진솔한 언어 속에 파도치고 있다. 그의 의식과 소망이 평범한 일상 속에 깊이 묻혀 있고 그것이 어떤 접점(接點)에서 시적(詩的) 언어(言語)로 태어나는 것이다.

무명 적삼에 어린 동생을 업고
머리에 가난을 이고
흐느끼듯 가시는 어머니

주린 보릿고개 너머
선명한 기억의 능선을 따라
지금도 저만치 걸어가고 있다.

— 「보릿고개」 일부

직관적(直觀)인 삶의 묘사가 그냥 가슴에 와 닿는다. 동시대를 살았던 독자를 깨워 과거와 현재와 자아를 조용히 성찰하고 평온하고 너그러운 태도로 수용하게 한다.

〈새아침에〉〈잉태〉 등의 작품 속에서도 동일한 형태의 시상을 엿볼 수 있다.

"오늘도 달려야 될/ 저 거칠고 험한 세상을 보며/ 다시 희망을 불끈 쥐어라/ 고귀한 너 하나님의 자녀여."

유약하기 그지없는 부정적인 자세가 아니라 보다 적극적으로 대하고 소화시켜 유익하고 생산적인 결과를 도출하고자 하는 그 근원적 태도가 시의 구심점을 이루고 있는 것이다.

우리 민족은 오랜 역사의 비운에서 비롯된 비애적 감성과 의식을 갖고 있다. 그래서 자신도 모르게 내재된 비애적(悲哀) 심성과 사유(思維)를 가지고 사물을 보고 상황에 적응하려고 한다. 물론 그것은 유약한 인간으로서 지극히 자연스러운 일이지만 결과는 생산적인 효과를 기대할 수 없다는 것이다. 그런데 대개 보면 내재된 염세적이고 도피적인 자연주의 철학(哲學)이나 종교에 심취하여 고난의 삶에 그저 소극적인 대처하는 것을 본다. 그러나 최영호 시인은 굴복하고 포기하고 원망하는 마음으로 가는 그런 묻혀가는 삶이 아니라 고난의 배후에 뭔가 인생은 의미가 있는 것으로 접근하고 적극적으로 수용하고 대처한다.

억새풀 같이 흔들려도 꺾이지 않고
솔개처럼 추락해도
사슴처럼 일어나 달려왔다

골 패인 이마와 너덜한 자국
이룬 소망도, 접힌 꿈도, 얻은 상처도
모두가 소중한 흔적들…
땅에서 태어나 하늘로 가는 여행
어찌 고난이 없으랴

턱 밑으로 울컥
산다는 것이 귀한 은혜지

— 「이순」 일부

자조적이고 비애적인 태도가 아니라 평온한 마음으로 삶을 관조하여 긍정적인 마음으로 소화시킬 뿐 아니라 더 나아가서 고통을 주었던 요인들까지지도 의미있는 내 것, 소중한 소유물로 받아드리는 어떤 선승이나 성자 같은 초연한 시인의 주관적 의식세계와 영적 지도자로서의 자질을 보여주고 있다. /억새풀 같은 흔들림의 세월/ 골 패인 이마와 너덜한 자국/ 이룬 소망도/ 접힌 꿈도/ 얻은 상처까지도 울컥하는 창조자의 은혜의 한 부분으로 수용하는 그 내면적 속성과 신앙이 시에 자연스럽게 내재되어 있다. 그래서 그의 영혼은 자유롭고 평온한 것이다.

그것이 역사든 의식이든 환경이든 유전이든 내 것으로 받아드리지 않고 이질적으로 거부하는 사람은 결코 삶에서 평온할 수도 자유로울 수도 없다. 또한 그것을 딛고 일어날 수 없고 삶을 균형 있게 건강하게 살 수 없고 생산적인 결과도 기대할 수 없다. 보편적인 자아인식을 벗어나야 효과도 발전도 얻을 수 있고 역사적 소명도 감당할 수 있다

우리 역사를 돌아보면 5천년 동안 한시도 평탄하지 않았다. 900여 차례의 외침(外侵)과 수많은 국란(國亂)을 겪었다. 심지어 강대국의 속국이 되어 설움과 압박을 받았다. 그야말로 질곡의 역사에 바람잘 날이 없이 외부적 내부적 시련과 갈등과 고통의 한(限)으로 얼룩진 땅이었음은 부인할 수 없는 냉혹한 사실이다. 하지만 오늘에 와서 다행스러운 것은 세계사회를 볼 때 국란 속에서 수많은 강대국들이 쓰러져 갔어도 우리 민족은 그 불행한 역사에 굴복하지 않고 질경이처럼 질긴 생명력으로 꿋꿋하게 버티어 왔다. 버티어 온 정도가 아니라 불행한 역사를 교훈 삼아 이를 극복하므로 세계가 주목하는 경쟁력 있는 국가로 우뚝 서게 되었다. 말하자면 고통과 시련의 부정적인 상황을 적극적이고 긍정적인 사고로 받아들여 환희로 이어지는 결과를 얻고 국제사회

에 어느 정도 자유로운 나라가 된 것이다.

역사의 결과는 의식의 산물이다. 이런 의미에서 볼 때 /골 패인 이마와 너덜한 자국/ 이룬 소망도, 접힌 꿈도, 얻은 상처도/ 모두가 소중한 흔적들/ 산다는 것이 귀한 은혜지/ 의 구절은 시인의 내면적 의식이나 정신세계가 얼마나 건강하고 바람직한가를 보여준다.

2. 인간애(人間愛)의 서정

최영호 시인의 작품에는 사물이나 인간에 대한 너그러움과 배려가 깊이 배어 있다. 그것은 인간에 대한 깊은 이해와 애정에서 비롯된 것이라고 볼 수 있다. 그의 이력을 통해서도 이를 추정해 볼 수 있다.

최영호 시인은 〈군산 교육 대학〉과 〈총신대학교(문학사)와 동 대학원(MDV) 그리고 경희대학교 대학원(MPA)을 졸업하고 초.중.고.대학의 강단에서 35년 동안 교직 생활을 했다. 또 32년 동안 목회를 하고 있다. 그러면서 여러 계층의 수많은 사람들을 만나며 간접적인 경험을 하고 인간을 깊이 이해하게 되었다. 그러므로 그의 의식에는 모든 세대 모든 계층의 삶에 대한 지식과 정보가 있다. 또 아는 만큼 깊은 애정을 가지고 있다. 참고로 최영호 시인은 미술에도 조예가 깊다. 〈대한민국 미술 대상전 특선〉 〈전일전 국제 예술상, 국제 미술상〉 〈대한민국 백제 서화공모전 최우수상, 대상〉 〈백제서화 공모전 추천작가〉 등의 화려한 경력을 가지고 있다. 그만큼 시적 기본이 되는 감성이 풍부하고 편만한 지력을 가지고 있다는 것이다. 아무튼 최영호 시인의 시의 구도와 내면을 장악하고 있는 흐름의 세계에는 소명적 인간애가 깊이 뿌리 박혀 있다.

제가 걷는 길에
당신의 발자국이 남게 하소서

제가 머무는 곳에
당신의 온기가 남게 하소서

제가 전하는 말에
당신의 위로가 있게 하소서

제가 쓰는 시에
당신의 향기가 있게 하소서

제 생애는 다만
당신의 흔적이고 싶습니다

— 「흔적」 전문

살펴보듯이 시인의 일상의 전생(全生)의 염원(念願)을 나타내는 작품이다. 이기적인 삶의 태도가 아니라 이타적인 마음에서 비롯되는 염원이다. 자신의 소중한 삶이 단지 자신만을 위한 것이 아니라 이웃을 위하고자 하는 갈망이 짙고 명확하게 담겨 있는 내용이다. 자신의 삶이 이타(異他)에게 위로가 되고 힘이 되기를 소망하는 마음이다. 그리고 그런 삶이 비록 힘들어도 이를 창조주의 뜻으로 그리고 소명적 삶의 의미로 수용하여 살겠다고 하는 결연하고 가상하며 고결한 품성이 맑게 투영되어 있다.

어젯밤
강변의 갈대가
거센 바람에
산발을 하고 날뛰더니

오늘 아침
바람 자는 틈을 타서
조용히 머리 빗질을 하고 있다.

저 연약한 갈대들
마음 편히 살도록
거친 갈대밭에
바람 좀 재워주세요

아버지시여!

— 「바람 좀 재워 주세요」 전문

시인은 몽상가(夢想家)일 수 있으나 사회적 지도자는 몽상가일 수만은 없다. 왜냐하면 현실세계에 현실적(現實的) 지도(指導)와 책임이 있기 때문이다. 그래서 그의 삶은 현실적이어야 하고 구체적이어야 하며 더 나아가서 손잡아 주고 함께 울어주며 그들을 이 험한 세상에서 일으켜 세워 주어야 한다. 그래서 영적 지도자에게는 무엇보다도 그 내면 의식의 밑바탕에 인간애(人間愛)가 깊숙이 박혀 있어야 한다. 그런 의지와 자질과 내면성이 작품에 충분히 엿보인다.

3. 신앙(信仰)의 서정

최영호 시인의 시에는 창조자(創造者)에 대한 경외심(敬畏心)과 깊은 애정이 담겨 있다. 내재된 신앙을 감추거나 피해가는 외식을 취하지 않고 일상적이면서도 본성적인 종교적 감성이 꾸밈없이 들어나 있다. 비유컨대 석류가 여물면 자연스럽게 터지듯이 그의 충만한 신앙이 시적 언어로 터져 나오는 것이다.

거친 바람이 맵고
통째로 올려 진 삶이
저리도록 힘겨워도

한번 얻은 생이기에
당신이
맡기신 일이기에

소중한 길
이끄시는 대로
기꺼이 달려 갑니다.

— 「길」 일부

고난에는 두 가지가 있다. 그저 보편적인 삶 속에서의 고통이 있고, 타자를 위해 자처하는 순수한 소명적인 고통이 있다. 최영호 시인의 시에는 바로 후자의 타자 본위의 아가페 정신으로 출발 되었고 그것이 체질화 되고 시로 완성 되었다. / 거친 바람이 맵고/ 통째로 올려진 삶이/ 저리도록 힘겨워도/ 소중한 길/ 이끄시는 대로/ 기꺼이 달려갑니다./ 이는 창조자의 소명(召命)을 운명적으로 감지하고 결연하게 순응하고자 하는 태도이다. 그러한 소명적인 자각이 서정적으로 성숙하게 표현되어 있다. 이것은 단순한 기교나 노련한 화술에서 연유된 내용이 아니라 마른 헝겊에 수액이 홍건히 배이 듯이 시인 안에 배인 소명적(召命的) 감성이 시적 언어로 자연스럽게 밖으로 분출되고 있는 것이다. 현란한 언어와 숙련된 구사력도 중요하지만 영적 지도자에게는 절대자에 대한 이런 경외심과 확고한 소명의식이 있어야 좋은 시도 쓸 것이다. 〈가버나움에〉에 종교적 서정이 잘 나타나 있다.

친히 가르치시던 회당에 들어서니
저항할 수 없는 감회가 밀려오고
이국에서 달려온 순례자들이
강론하시는 주님의 모습을 그리며
터럭만한 흔적 하나라도
찾아 담으려고 안간 힘을 씁니다.

돌덩이 잔해들은 아직도 그 때를
추정하기에 충분하지만
목이 메이는 내 영혼의 언저리에
사랑은 잔영으로 떠 있습니다.

퍼 올릴 수 없는 세월을 넘어
무량한 그리움만 안고 돌아 옵니다.

— 「가버나움」 일부

갈릴리 해변(海邊)에 있는 도시 〈가버나움〉은 그리스도의 3년 동안의 사역지(使役地)이다. 지금도 지붕만 걷혀 없어지고 하반

부는 2천년 동안 예나 다름없이 잘 보존되어 있는 곳이다. 마을에는 당시의 회당(교회당)이 개방되어 세계 각국에서 달려온 순례객(巡禮客)들로 붐비는 곳인데 그곳에 갔을 때 쓰여진 시 같다. 이 시에는 여성적인 감성으로 오해되리만치 섬세한 감성이 서정적으로 표현되어 있다. 그리스도에 대한 애정(愛情)의 깊이와 신앙의 농도(濃度)를 보여주는 시(詩)이다.

그리스도가 가난하고도 고독한 삶 속에서도 속물적인 탐욕과 자기 안정에 빠지지 않고 근원적 출사의 소명 의지에 절대 복종하여 오직 인류의 구원을 위해 사셨던 생애에 대한 깊은 애정(愛情)이 가랑비처럼 가슴 적셔오는 작품이다.

발등에 눈물 떨구며 떠난 이 길에
지금 개양귀비꽃 바람꽃이 피어
손을 흔들고 있습니다.

함께 걸어 행복했던 이 길에
여전히 제 홍에 겨운 산새가 노래하고
개울이 재달대지만
내 마음은 애닯기만 합니다.

새벽 닭 우는 소리에도
더욱 사랑하지 못했음을 자책하며
당신을 기다립니다.

— 「기다림」 일부

그의 종교적 서정은 현실을 뛰어 넘어 미래로 발전해 간다. 종교적 신앙은 현실을 뛰어넘는 초월성(超越性)을 갖는다. 지도자의 이런 미래지향적인 신앙은 자신뿐만 아니라 이타(異他)에게도 절망적 상황과 삶을 극복하게 하는 활력소(活力素)가 되고 에너지가 된다.

현실을 뛰어넘는 방법은 현실과 거리를 두고 도피(逃避)해서 순박한 원시 세계를 꿈꾸며 안빈낙도(安貧樂道)의 삶을 누리는 것과 또 하나는 부조리와 모순의 현실 세계를 도피하지 않고 맞서 농밀(濃密)한 신앙심으로 극복하는 것이다. 이 시(詩)에는 후자로 치열한 현실과 삶을 신앙으로 극복하고자 하는 신앙이 감성적인 언어로 잘 나타나 있다.

4. 지성(知性)의 미학

시는 단순히 감성적인 언어로만 표현되는 것이 아니다. 언어의 선택에 있어 지성미를 갖춰야 품격을 높일 수 있다. 시는 독특한 형식이나 개성미도 물론 갖추고 있어야 한다. 또 문학적 예술적 가치도 있어야 하고 독자들이 다가오도록 재미도 있어야 한다. 그러면서도 시인이 놓치지 말아야 될 것은 지성미다. 시(詩)는 보편성 대중성을 갖고 있어야 되지만 반드시 지성미(知性美)를 내재하고 있어야 한다.

시가 정치적 이념에 종속된다거나 천박한 외설에 야합하는 것은 시대 구분 없이 바람직하지 않다. 공자는 "아는 자는 좋아하는 자만 못하고, 좋아하는 자는 즐거워하는 자만 못하다"고 했다. 시는 좋아하고 즐거워하는 것이다. 시와의 유희 곧 함께 노는 것을 뜻한다. 그러나 즐기며 놀아도 그 중심을 지켜야지 "얼"이 빠져서는 안된다. 시의 "얼"을 가지고 놀아야 한다. 그 "얼"이 곧 시의 길이요, 빛이요, 가치요 품격이다. 시는 만인에게 사랑받기를 바라지만 만인에게 사랑 받지는 않는다. 시는 문학적·예술적 감성과 어느 일정한 수준의 지성을 갖춘 사람들에게 사랑을 받는다. 시는 지성의 미학을 추구해야 한다. 평이한 시는 사랑받지 못한다.

최영호 시인의 시를 살펴보면 평이하면서도 때로는 단순한 의식의 접근으로 이해할 수 없는 지성미를 갖고 있다.

> 소리 없이 타오르는 불꽃이다
>
> 적도보다 더 뜨겁게 타오르다
> 시베리아처럼 식어 버리는 심연에
> 헐떡이는 새 한마리
>
> 환희의 파고와
> 쓰디 쓴 고뇌의 주파가
> 쉬지 않고 순환하는
> 쳇바퀴에 달려 있다
>
> 바닥까지 말라붙은 가슴
>
> 사유의 독방에 똬리를 틀고 앉아
> 무너지는 아성을 바라본다
>
> 이지와 우매의 경계가 무너졌다.

이 시는 〈창조문학〉 신인문학상 당선작품으로 〈풀 한 포기 속의 길〉과 함께 특히 심사위원들에게 주목받은 시이다. 보통 사람이 단순한 접근으로 이해할 수 없는 작품이다. 각종 문학지에 쏟아져 나오는 수많은 시편들 중에서 차별화 되어 선별된 시이다. 이 시는 최영호 시인의 내공과 미래가 예견되는 작품이다.

/적도 보다 더 뜨겁게 타오르다/ 시베리아처럼 식어버리는 심연에/ 헐떡이는 새 한 마리/ 는 열정으로 인한 고통을 경험해본 지성의 고백이다. 사물을 밀도 있게 관찰하고 쓴 초시간적, 초공간적 사유의 미학이다. / 환희의 파고와/ 쓰디쓴 고뇌의 주파가/ 쉬지 않고 순환하는/ 쳇바퀴에 달려 있다/ 이것은 환희가 아니라 혼탁한 의식 세계로의 진화하는 열정의 참혹한 상태를 미학적으로 표현한 것이다.

/ 바닥까지 말라붙는 가슴/ 사유의 독방에 똬리를 틀고 앉아/ 무너지는 아성을 바라 본다/ 이지와 우매의 경계가 무너졌다/ 는 철학적 사고와 고도의 지성미를 표현한 것이다. 이러한 시적 흐름은 많은 수련을 요구하기도 하지만 생득적(生得的)인 자질이 있어야 한다. 어떤 면에서 볼 때 지성은 얻어지는 것이 아니라 타고나는 것이기도 하다. 〈불꽃〉에는 그런 생득적(生得的)인 재능이 엿보인다.

문학과 예술이라는 미명하에 수많은 언어(言語)의 파괴(破壞)가 자행되는 혼탁(混濁)한 시대에 그의 인격과 품성과 같이, 오염되지 않은 품격(品格) 있는 언어와 균형미 있고 안정된 시각과 언어로 귀감이 될만한 〈가버나움〉이라는 〈시집〉이 나오게 된 것에 감사하며 앞으로 최영호 시인이 문단(文壇)에 훌륭한 시인(詩人)이 될 것을 의심치 않는다.

지금까지 살아 온 길

-최영호 사.곡-

가버나움

최영호 시집

발 행 일 | 2011년 11월 26일

지 은 이 | 최영호
발 행 인 | 李憲錫
발 행 처 | 오늘의문학사
출판등록 | 제55호(1993년 6월 23일)

주　　소 | 대전광역시 동구 삼성1동 125-6 한밭오피스텔 401호
전화번호 | (042)624-2980
팩시밀리 | (042)628-2983
홈페이지 | http://www.lito77.co.kr(홈페이지)
전자우편 | hs2980@hanmail.net
공 급 처 | 한국출판협동조합
주문전화 | (070)7119-1741~2
팩시밀리 | (031)944-8234~6

ISBN 978-89-5669-468-9
값 10,000원